益智遊戲の教具

最佳的幼兒啓發益智。

益智遊戲の教具

前言

本書中提供了多種益智與啟發性的遊戲教材，提供老師與父母對孩子做多元智慧的開發，藉由簡單、可愛的畫面，活潑的製作方法，DIY的製作途徑，與孩子們玩在一起，並觀察他們的遊戲和學習評量。書中分為以下分類，其中難易有別，老師與家長們皆可先評估孩子們的發展階段來選擇：

數學邏輯、迷宮遊戲
形狀認知、色彩辨識
創意想像、拼圖遊戲

遊戲活動中，我們提供了更多的啟發；而老師或者家長在製作教材的同時，也可以讓孩子們一起動手參與簡單的製作，讓他們有參與感，即先吸引他們的注意力，或者可以先試探孩子們的興趣，再加以分類選擇或誘導，這樣一來，遊戲的成效當然是相得益彰。

在每個單元之前，我們模擬了一份年齡學習的參考指標，讓老師與家長們可以更清楚下一個啟發的步驟。

書裡分為

A.數學邏輯

B.迷宮遊戲

C.形狀認知

D.色彩辨識

E.創意想像

F.拼圖遊戲

　　每單元中分為三個小遊戲，每個遊戲都有附玩法和目的、製作方法和線稿，供老師或家長們參考與利用。

益智遊戲の教具

目錄

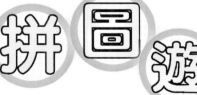

工具材料

Tools & Materians

黏貼的工具

噴膠-便於大面積紙張的黏貼，或製作雙面色紙時。

泡棉膠-可用來墊高、使其凸顯立體感的黏貼工具。

雙面膠-可用來黏接紙張，如"黏貼處"的部份可利用雙面膠。

相片膠-利於紙雕時的黏貼。

白膠-最基本的黏貼工具。

保麗龍膠-專用於黏貼保麗龍與珍珠板，也可使用於製作立體物的黏貼。

Tools & M

剪裁的工具

剪刀-剪裁必備的工具。

刀片-利於切割紙類，但必須小時使用；其中刀片之刀鋒分有30°與45刀片，本書一律使用30°之刀片。

圓規刀-專用於切割圓形的器具。

切割器-可切割珍珠板和保麗龍，可調整寬度來使用。

Tools & M

製圖的工具

描圖紙-描圖、製圖必備工具。

圓規-製作錐形立體摺紙時須具備之工具。

無水原子筆-可用於描圖、劃摺線，作紙的彎弧。

圓圈板-可用於畫圓，共有36種不同大小的圓，方便使用。

雲形板-利用雲形板可以劃出各種大小的圓。

三角板-利用三角板製圖，使製圖更準確方便。

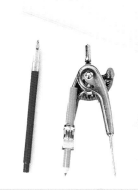
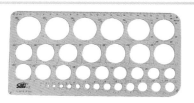

Tools & Materians

紙材的選擇

美術紙–包括書面紙、蠟光紙、粉彩紙、丹迪紙等。

包裝紙–包裝紙的紙材薄，可用來製作手工書的封面，或作為裱板的邊框裝飾，是個很方便、容易取得的材料。

色紙–市面上有販售一包色紙內10種尺寸各10張的色紙，大多屬蠟光紙：較常見的色紙尺寸為15公分×15公分。

棉紙–棉紙的吸水性強，可用於染色、印色，質地軟且好塑形。

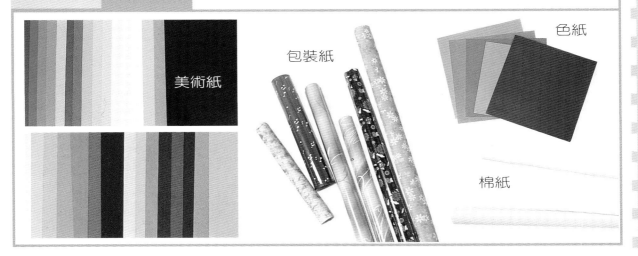

美術紙　包裝紙　色紙　棉紙

Tools & Materians

輔助的工具

立可白–可用來點繪眼睛或作小白點花紋。

打洞器–可以打出圓形紙片或鏤空小圓。

豬皮擦–其可擦掉溢出的乾膠水，也可以用來擦拭剪刀刀面的膠漬。

廣告顏料–書中有些作品的眼睛，可以利用白色廣告顏料來繪製。

粉彩–粉紅色可用於表現腮紅，用棉花棒以打圓方式輕抹出顏色。

珍珠板、保麗龍–可作為裱板、手工書的基底。

紙板–薄的紙板可以作為書頁，也可以做為手工書。

學齡前的能力開發，各種遊戲與學習，都會奠定孩子們未來的智力發展，不論是幼兒園中或在家中的生活學習模式或習慣，我們都得親力親為的去配合與調養教育，先讓孩子們培養良好的生活習慣，再去和孩子們作互動的親子遊戲，當然幼兒園中老師與孩子們的遊戲，也是視為親子遊戲的一種。

然而益智遊戲涵蓋的範圍相當廣泛，最基本的應該把握住幾個要點：

1. 所謂益智即能夠啟發智慧，而遊戲則為老師或家長與孩子們的遊戲。在過程中發揮孩子們當時具備的能力，再去引發他們更多新的認知與學習。

2. 我們與孩子們在互動的過程必須與自己和孩子們處於同等的地位與態度，並非以長輩的態度去指使或非得孩子們聽從我們的意見，而是融入孩子們，把自己視為遊戲的參與者，才能共同得到樂趣。

3. 在遊戲的過程中，老師或家長與孩子應該相互配合，遊戲的教材能讓孩子們主動配合、發問，這樣就更能達到益智的目的。

整個益智遊戲的過程應是老師與父母、孩子們都得到樂趣，孩子們學習到創意與創造，潛能藉由遊戲而開發出來，這麼一來才算是成功的益智遊戲。

第1單元

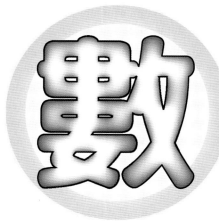

數學邏輯

1.2.3....

由於現今教育體系倡導的是建構式教學，對於往常的教學模式是有非常大的變異；往常老師們在遇到孩子們困惑提出問題時，便會馬上告訴他們正確答案；而現今的教育政策所提倡的，則是提供孩子們實際操作的經驗，讓他們形成自身的知識。父母們在教導孩子們時也應該如此，讓他們自己去嘗試，因為數字的觀念應該是在基於一套正確的數字架構，當孩子們從遊戲中習得此觀念，會比我們直接指正他們還來的輕鬆簡單許多，讓他們體會到其中的邏輯，並進一步了解建構數字的體系。

數字本身就是單純的數理邏輯，數字不是物件的一部份，而是在於使用表達物件的數量，在本單元中的數數、讓孩子們去發現遊戲中的數理邏輯，我們可以讓他們唸出數字的多少與大小；像數字迷宮裡，我們可以讓他們順利的走出1～10，再試圖換個位置，試試他們的理解程度。以團體遊戲也可以來啟發，孩子們會投入較多的企圖心與精力，藉由輪流遊戲的方式，可讓孩子們理解空間和數理的關係，即順序的邏輯，更能培養孩子們良好的遊戲態度與人際關係。

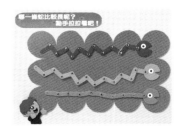

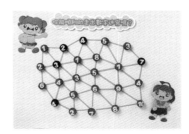

線稿P.94

第1單元

數學邏輯

哪些花兒的顏色是相同的呢？

讓孩子們來數數看紅色的花有幾朵，白色的花有幾朵、

黃色的花有幾朵、共有幾朵花。

哪些花兒的顏色是相

目 的

讓孩子們在遊戲中學習分數
並培養數字概念與色彩的感
受力。

前 提

孩子已有能力區分顏色。

材 料

顏色鮮艷的不織布、魔鬼氈。

玩 法

（1）讓孩子們利用本書所附之花朵型
板，剪下其他顏色的花朵，此時老師
和家長要留意小朋友，不要讓他們剪
傷或割傷了。

（2）由於他們已具備辨分色彩的能力，
請他們將板子上相同顏色數出來共有
幾朵，反覆幾次，訓練他們數字的概
念。

（3）數量可以增加或減少，可以更改顏
色結合不同情況適當改變。

延伸玩法

拿出紅色的不織布，請孩子們從花朵
中找出相同顏色的花朵，並教導他們
這是一紅色。以此類推，讓他們可以
講出色彩名稱。

製作方法

1 剪一塊較大的（約4K大）綠色，不織布作襯底，與紙板相黏時，可利用雙面膠或熱融膠皆可。

2 利用線稿型版剪出花朵，於背面貼上魔鬼氈，可以成為活動式的教具。

3 以紙雕技法製作可愛人形，黏於紙板與不織布之間。

第1單元 線稿P95．P96

數學邏輯

你吃了幾個麵包？

看看每個孩子們的盤子裡有幾個麵包，我們一起來數一數，看誰吃的多。

你吃了幾個？

目　的

從有趣可愛的畫面和主題，讓孩子們去數數看，比比看，從遊戲中學習數觀念和比較的邏輯。

前　提

已有多與少的概念，有基本的判斷力。

材　料

彩色軟陶麵包。

玩　法

1.老師或家長們將每個盤子清空，讓孩子們先了解每個盤子上都沒有麵包，接著我們可以開始隨意分配麵包，並問孩子們：「哪一盤的麵包比較多」。

2.當孩子們指出後，我們可以再換位置，並增加或減少每一盤的數量，再問一次，當孩子們答對了就鼓勵他，即使答錯了，再重來操作並問答。

3.　用這個遊戲讓孩子們認識「多」與「少」的概念。

延伸玩法

我們可以在日常生活中教孩子們去分辨「多」「少」的數字概念：例如：這杯牛奶比較多，我的牛奶比較少；你的飯盛的比較多，我的飯盛的比較少。

製作方法

1 利用紙雕滾圓邊的方式製作可愛的人物造型。

2 利用珍珠板墊出桌子的高度，桌子是以梯形紙板並貼上咖啡色色紙。

3 將小朋友組合貼上桌邊，盤子以珍珠板來表現。

4 麵包的作法：取橙色和黃色的軟陶相和，讓它呈現麵包的鉻黃色，也會呈現橙、黃相間的美麗顏色。

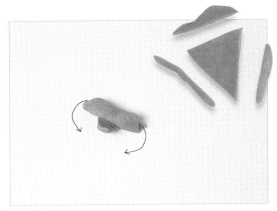

5 將揉好的軟陶壓平，剪成三角形，由底向上捲，捲完後，將兩邊向內彎。

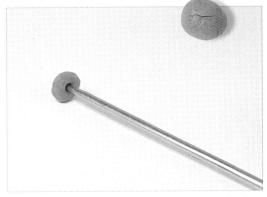

6 甜甜圈的作法即是將揉好色的軟陶，揉成圓球狀，再稍向下壓，利用圓桿或竹筷向中心穿洞即成。

第**1**單元 線稿P．96

數學邏輯

哪一條蛇比較長呢？
動手拉

哪一條蛇比較長呢？

動手拉拉看吧！

哪一條蛇最長，哪一條蛇最短，把牠們拉直，就知道啦！

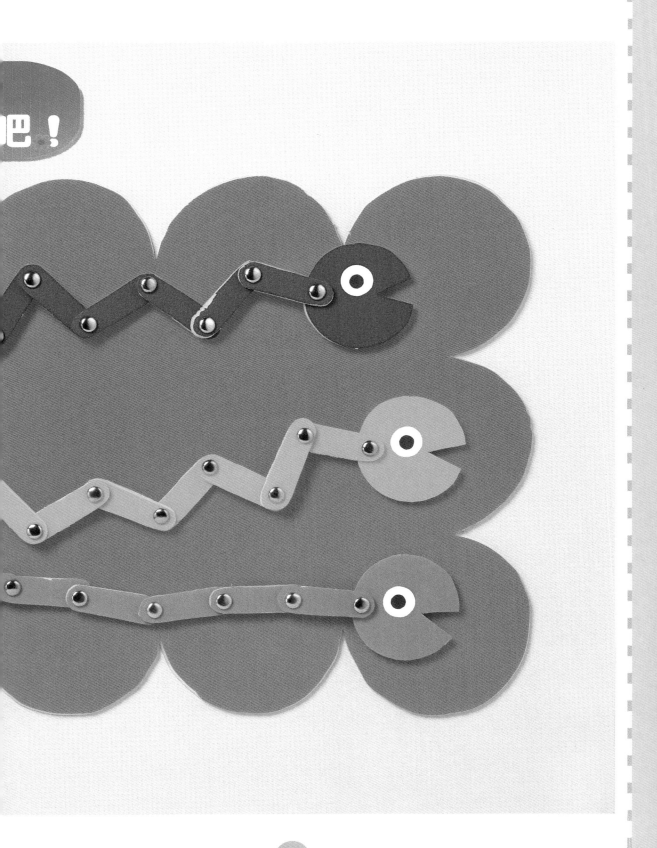

目 的

讓孩子們發現長、短的概念，手眼協調，藉由數字組成長短的遊戲，使孩子們也學習到"量"的觀念。

前 提

知道長、短如何判斷的孩子。

玩 法

1. 老師和家長們可以在做出三條等量節數的蛇，再分別向後加長，每一條都不等長，再將牠們彎曲，讓孩子們動手去拉長，看哪一條比較長，有幾節？

2. 重覆增加或減少這三條蛇的長度，再由孩子們去比較，拉長，看三條哪一條較長，反覆幾次，孩子們便可藉遊戲瞭解量與長短的關係。

延伸玩法

爸媽或孩子們可以將孩子每次活動所需時間記錄下來，看孩子們進步的狀況。

材 料

珍珠板、雙腳釘。

製作方法

1 底板貼上一塊珍珠板，旁邊的人物造型由紙雕技法完成。

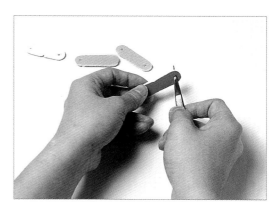

2 利用紙型附上的蛇身型板，在珍珠板上割出一節節的蛇身，兩邊可利用細or尖物刺穿出圓孔。

3 拿二節蛇身,雙腳釘穿過重疊的圓孔。

4 穿過後翻過背面,將兩腳向下壓,(不要太緊,否則不好活動)。

5 將兩腳多餘的部份剪短。(超出蛇身的部份)

6 再以同樣作法向後加長。

7 完成後的蛇造型(背面)

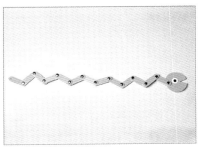

8 完成後的蛇造型(正面)

9 彎曲後的蛇造型。

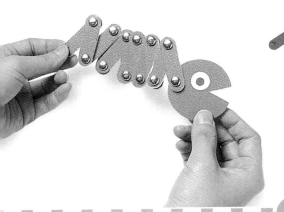

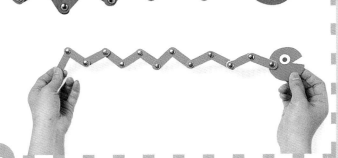

第 **1** 單元 線稿P.97

你能順

你能順利的走出數字迷宮嗎？

照著數字順序走，1 2 3 4 5 6 7 8 9 10 你能順利的走完嗎？

1 2 2 3 6 4 4

走出數字迷宮嗎？

目 的

透過簡單的迷宮遊戲，可變換數字位置，讓孩子們在遊戲中加強對數字的記憶，和思考辨別能力。

前 提

孩子已有初步的數字概念，和言語表達能力。

材 料

數字、保麗龍球。

玩 法

1. 爸媽或家長們可隨意調動數字位置，但只能走直線，我們要自己也能走的出去，遊戲才有目的。

2. 由於小朋友已有初步的1、2、3概念，所以我們可以從第一步問孩子"1在哪裡"，由孩子們伸手去指出，並唸出"1"，進而再問"2呢?2在哪裡"，再由他們去指出。

3. 當無法向下進行數字順序時，再回到之前的位置，再找找看，利用這個遊戲來增加數字概念與記憶能力。

延伸玩法

我們可以自行更改題目，不一定要1～10，在此基礎上針對不同年齡的兒童，也增加更多的數字，讓孩子們認識新數字。

製作方法

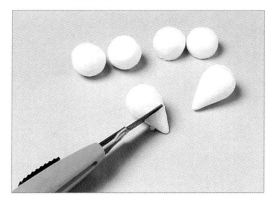

1 準備25～35顆的水滴型保麗龍球，在末端3分之1處切半。

2 準備紅、綠、藍、咖啡色的棉紙，裁成方形大小，包黏住保麗龍球。

3 利用電腦列印出字體，並墊上色紙剪下，將剪下的數字貼在保麗龍球上。

4 在保麗龍球的背面黏上一小塊泡棉膠，可使其於底板上黏貼活動。

5 在底板上貼上人物造型、標語、直線條。（可以先將球貼上等距位置，再貼上線段。）

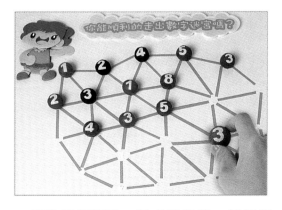

6 由於底板裱了一層卡典西德，讓保麗龍球可以任意黏貼。

第 2 單元

迷宮遊戲

迷宮遊戲的目的在於訓練孩子們的

視覺追蹤

觀察能力

空間思維

它針對四歲以上已有初步邏輯思維能力的孩子，並利用手眼的協調性去嘗試尋找迷宮的出路。

本單元中甚至利用色彩辨識的技巧增加困難度；老師或家長們可利用活動式的教具or工具讓教材靈活運用。

這個遊戲會讓孩子們花一些時間思考，老師和家長們也要花一些耐心和巧思來共同參與此單元的遊戲，您和孩子們都會有意想不到的收穫喔！

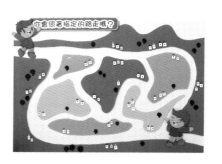

好玩的水管迷宮

這些水管是通向哪裡呢？找找看吧！

目　的

藉由同色的管子訓練孩子們視覺追蹤
能力，和手眼協調性。

前　提

具有基本的觀察力。

材　料

有色水管、鐵絲。

玩　法

1.讓孩子們去指著預定的水管，先用
視覺去追蹤到水管末端是接到誰的手
裡。

2.再讓孩子們用手順著水管直繞至末
端，看看答案是否正確。

3.老師或家長們可以再作出其它水管
路徑，讓小朋友來嘗試遊戲。

製作方法

1 將水管裁約30公分，將鐵絲穿入。

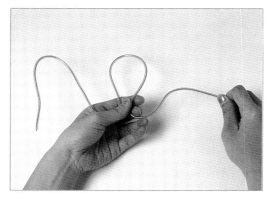

2 穿入後便可以隨意變形扭曲成各種路徑。

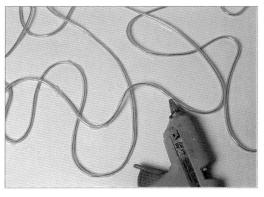

3 利用熱融膠將水管與底板相黏，即完成。

4 人物造型皆利用紙雕滾圓邊技法完成。

5 利用線稿做出不同顏色的造型。

你會照著指定的路走嗎？

你會照著指定的

走的時候，不能經過藍色屋子的路，你可以順利的走完嗎？

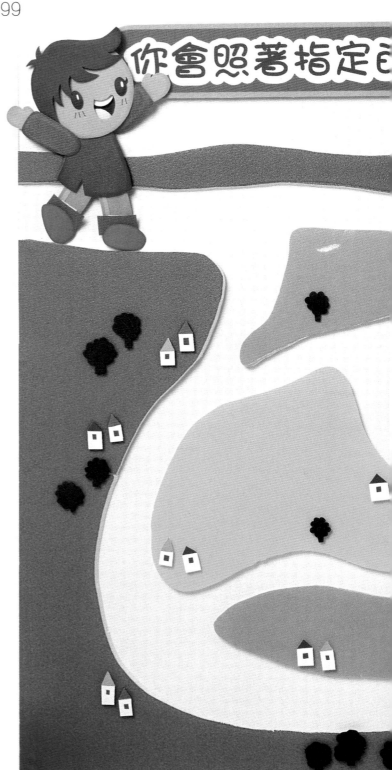

目　的

讓孩子們在遊戲中認識多種顏色，發展孩子對色彩的感受力和辨識能力，以及對空間的邏輯。

前　提

已有區分顏色的能力，有空間方向感的概念。

材　料

房子、彩色筆。

玩　法

1.老師或家長先預想一個指定的路線，例如：不能經過藍色的房子，在路線上就不能貼藍色的房子，以此類推；貼好後，再讓孩子們去嘗試走走看。

2.我們可以利用線稿所附的房子型版做出其他顏色的房子，讓孩子可以藉這個遊戲認識更多的顏色。

製作方法

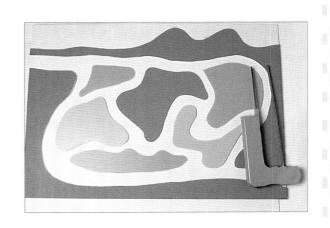

1 底板部份可利用珍珠板切割出陸塊，再以雙面膠貼紙板上。

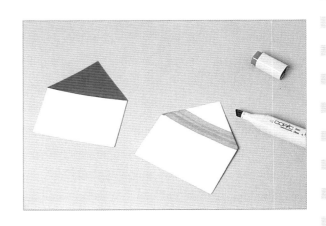

2 房子的屋頂以色紙剪貼，也可利用彩色筆直接繪製，背面以泡棉膠黏貼，使其可成為活動式教具。

3 人物部份則以紙雕技法完成，貼上泡棉膠使其更有立體感。

照著指定的顏色

照著指定的顏色走走看

你能按照指定的顏色走到出口嗎？

請照走粉紅↓藍色↓黃色↓綠色的方向走，只能走直線哦！

目　的

以直線的前進方式，讓孩子照著指定
的顏色走，從遊戲中培養順序的概念
和空間的邏輯。

前　提

孩子已具備初步色彩認知和表達能力。

材　料

有色珍珠板、圖釘。

玩　法

1. 老師或家長可以先將有圖釘的珍珠板先取下，可將順
序重新調整，將其釘好後，再請孩子們來玩遊戲。

2. 由於孩子具備的是初步的色彩辨識能力，所以在遊戲
進行中還會出錯，順序的概念也很模糊，我們必須在一旁
輔助他們走完一次，再請他們自己走一次，而第二次只能
用提醒的方式，直到不會出錯為止。

3. 當孩子已稍有程度的進
步時，我們再換題目，以
不同的顏色順序再做加
強，藉時也讓孩子對色彩
印象更加深，對順度的邏
輯也更有進步。

製作方法

1 將珍珠板割成3公分×3公分大小，
總數至少88塊，底板方格先畫好33
公分×24公分的方格，長度劃分11
塊，寬度劃分8塊，（底板以珍珠板
表現）。

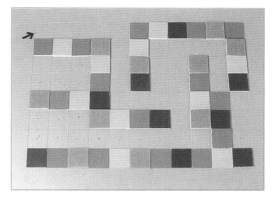

2 將割下的珍珠板部份先隨意貼在方
格上，留下路徑部份和零星區塊，
（利用雙面膠黏即可）。

3 其他部份的珍珠板利用圖釘釘在底
板上即可。在有順序的以紅→藍→
黃→綠色釘出路徑，其他零星的部
份則可任意釘上。

4 人物部份以紙雕技法完成。

第3單元

形 狀 認 知

我們可以藉由生活上的經驗，引領他們去觀察人、事、物的形狀，去發展孩子們的注意力、記憶能力和大腦中的直接反應及思考活動。當然此單元的能力指標應由老師、父母去評量，若只是強行灌輸知識時，只會令他們衍生負面印象；應讓他們盡情的實驗與遊戲去發現：「喔～是這裡」，給予他們較大的空間與時間。

對於較小的幼兒，我們可以先讓孩子們認識自己的身體；從眼睛到腳指頭，建立最基本的形狀認知與方位的概念；進而慢慢加入其他物件，或轉換別的物件及色彩，用更多元的遊戲來啟發，如果孩子們不明白或遇到挫折，父母或老師即可以一邊示範給他們看，並且一邊講解。

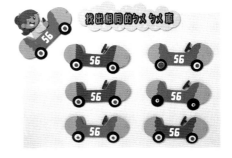

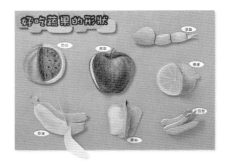

形　認識

找出相同的ㄅㄨㄅㄨ車

仔細去看看每一台ㄅㄨㄅㄨ車的每個部位，很快就會找到相同的ㄅㄨㄅㄨ車了。

目　的

發展孩子們的觀察力，注意力以及完整認知事物的能力。

前　提

具備對數位的記憶，表達能力，認識並能夠分辨常見的幾何形狀。

材　料

ㄅㄨㄅㄨ車，色彩，剪刀。

玩　法

1. 老師或爸媽先將正確的（有人物的）ㄅㄨㄅㄨ車給孩子們看，並告訴他們：「有波浪的綠色花紋，藍色的車身、圓形的輪。」

2. 接著將做好的車子一一貼上，將相同的那一台放遠一點，增加孩子思考分辨的時間和能力。可先問孩子「車輪有什麼不一樣」，讓他們指出一樣的，再縮小範圍問「花紋有什麼不一樣呢？」，慢慢循序漸進的讓孩子們得到正確答案。

3. 主角人物的ㄅㄨㄅㄨ車也可更替，我們可以再利用型版作出更多的創意啟發。

製作方法

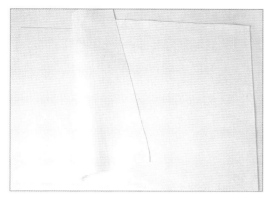

1 底板貼上一層米色不織布。

2 將主角與車子造型確定完成。

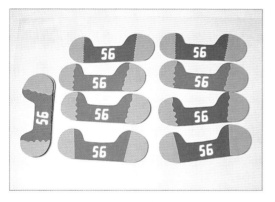

3 利用型版做出其他車子造型,並貼上珍珠板。

4 可從車輪大小和花紋來辨別。

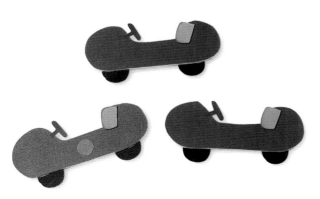

5 在車子背面貼上魔鬼氈,方便於底板上拿取。

形狀認識

長頸鹿的形狀

要用右邊的零件組成長頸鹿，找找看，那一塊接哪一塊呢？

一塊？

目　的

透過遊戲讓孩子們認識動物，在識別中掌握物體的形狀、顏色、大小等等特性。

前　提

孩子對此物曾有接觸，比如看電視，圖片或去動物園。

玩　法

1.先讓孩子們去觀察長頸鹿的圖片，請孩子們瞭解其特徵，並告訴孩子們更多詳細的資料，例如一長頸鹿可以吃到樹上的嫩葉，所以牠的脖子很長，腳也很長。

2.讓孩子們去移動、活動長頸鹿的四肢頭尾，試圖去找出相同的四肢和身體部份。

3.老師或家長們可以拿起某一塊身體的部份，問孩子"少了一塊哦！找一找少了哪一塊呢？"

製作方法

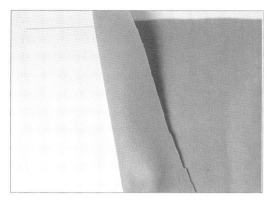

1 在底板上舖上一層不織布。

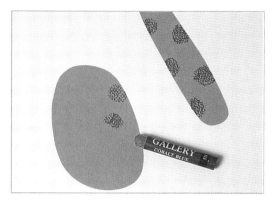

2 利用線稿作出兩份長頸鹿的造型，部份色塊以蠟筆繪製。

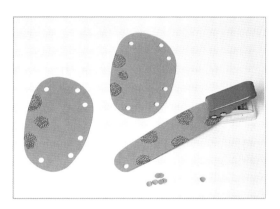

3 關節部份利用打洞機打出穿洞孔。

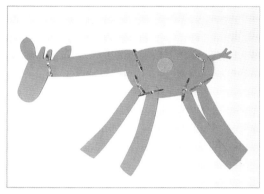

4 取其中一組，將雙腳釘穿過洞孔壓平，不須太緊密，不然會不好活動。

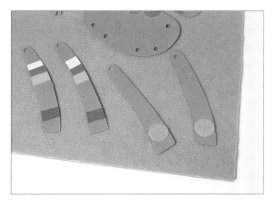

5 另一組具於背面貼上魔鬼氈，可隨刻黏置於底板上。

第**3**單元

形　認識

好吃蔬果的形狀

這些好吃的蔬果切開後都和原來長的不同，

翻翻看，它們是什麼形狀呢？

好吃蔬果的

西瓜

香蕉

蓮藕

蘋果

檸檬

青椒

小豆莢

目 的

透過遊戲讓孩子們認識水果，水果的外貌和剖面，以及其特性。

前 提

孩子對識別的物體曾有過接觸，如：吃過的水果，最好也是他比較喜歡吃的水果。

材 料

準備幾個蔬菜水果，和其它顏色的色卡。

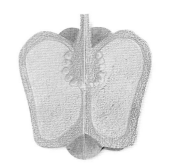

玩 法

1.以家中經常食用的蔬果或孩子們較喜歡的水果為題材：當我們教孩子認識蘋果時，讓孩子們去翻翻看它的剖面，我們再拿出一顆蘋果切開來給孩子們看，讓孩子們體認水果蔬菜的形狀。

2.我們也可以拿出色卡，讓孩子們去指出同顏色的蔬果：例如：拿出紅色色卡→蘋果、櫻桃、蕃茄等色卡。一方面讓他們體驗色彩感受。

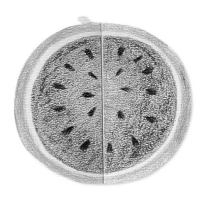

製作方法

四季豆做法：

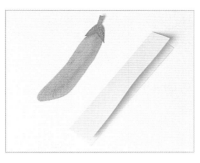

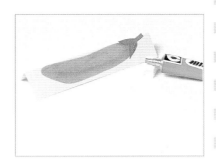

1 四季豆做法：將畫好的
四季豆剪下，取一張紙
對摺。

2 將四季豆黏貼於摺線處。

3 把多餘的部份剪掉。

4 打開內頁，畫出豆莢部份
即完成。

蓮藕做法：

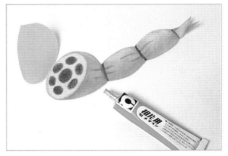

1 將蓮藕畫好後，取一張紙對
摺，剪出切口部份的形狀。

2 利用相片膠黏貼背面。

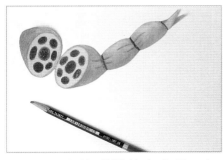

3 以色鉛筆或蠟筆畫出另一切
口面。

4 向右翻回正面，畫出完整的
蓮藕外型，即完成。

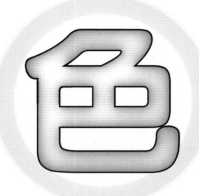

色彩辨識

　　色彩認知源自孩子們的視覺感官和操作活動；對於幼兒們我們採用鮮艷的色彩來作為他們視覺的刺激和吸引，所以市面上幼兒的玩具或教材，也大多採鮮麗的顏色。

　　我們自己在設計教材時亦必須以此為基準，藉由遊戲，讓孩子們去辨別何謂"相同"，"一樣的"顏色，再去告訴他們那是什麼顏色，進而讓他們去找出日常生活中的環境中"一樣的"顏色，讓他們大聲並有自信的唸出來；我們可以循序漸進，從黃色、紅色、藍色、綠色以慢慢的讓他們了解顏色，從中獲得對事物的物理經驗；我們也可以讓他們塗鴉玩顏色，激發他們對顏色和繪畫的興趣，讓他們有更多探索的經驗。

第**4**單元 線稿P.102

色彩辨識

找出相同的熱氣球

左拉拉、右拉拉,你可以找出相同顏色

的熱汽球嗎?大小也要一樣喔!

找出相同

的熱汽球

目 的

讓孩子們在遊戲中發展對顏色的感受力和辨別能力。

前 提

孩子對不同的顏色能夠區分，其視覺能力已發展到一定程度。

材 料

準備鮮艷顏色的玩具或色卡。

玩 法

1.讓孩子們自己動手去拉拉紙卡，紙卡上鮮艷的顏色，能刺激孩子們的視覺，互動式的教具，可以吸引孩子們的注意力。

2.問問孩子們第一個問題：「哪一個和它相同呢？」，第二個問題：「最上面的是什麼顏色？」，並請孩子們去取出同色的色卡，反覆幾次都可以點對後，再學習認識色彩的名稱，以此類推，孩子可以辨識出更多的顏色。

製作方法

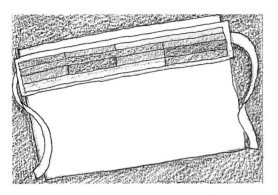

1 利用色紙貼出四組色條，紙條總長
為15公分×55公分，上留1.5公
分，下留3.5公分，中間分成四等分，
貼上色紙，每一組長12公分。

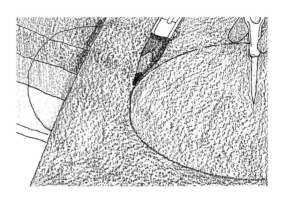

2 利用圓規劃出洞孔大小，劃在另一
張藍色色紙上，位於同樣的位子，
割出一個洞孔。

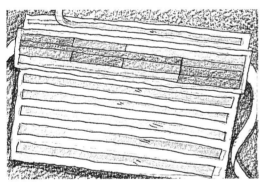

3 先預留出「比紙條大的位置，其餘
部份以雙面膠黏貼。

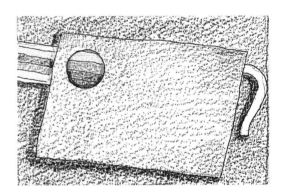

4 先放上紙條，再貼上藍色色紙。

5 青蛙、雲朵、汽球等造型利用壓圓
邊方式完成並貼上。

第4單元　線稿P102·P103

色彩辨識

我的左右鄰居找一

我的左右鄰居找一找

你知道我是誰嗎？我的上面是「綠色」，左邊是「橘色」，右邊是「藍色」，下面是「橘色」，那你知道我是誰了嗎？

目 的

培養孩子方向思維能力和色彩辨別能力的加強。

前 提

對基本顏色有初步的認識。

材 料

有色珍珠板。

玩 法

1.先讓孩子們去觀察畫面上的人物造型,並看看他們四周的顏色。

2.老師或家長們可以開始問小朋友:「我的上面是綠色」、「左邊是橘色」,讓他們先去找找看,有了大概的人選後,再告訴他們「右邊是藍色」、「下面是橘色」。給他們多一點時間去尋找,並提醒他們。

3.我們可以用其他顏色的珍珠板來測試,剪下方塊直接貼上即可,讓孩子們多元的學習顏色,並加強其方向邏輯。

製作方法

1 先劃出44公分×30公分，長分為11格，寬分為5格。

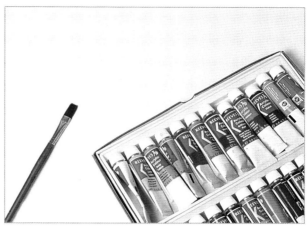

2 在白色珍珠板上，以壓克力顏料繪塗顏色。

3 割下後貼於底板方格內。

4 人物以紙雕技法完成，背面貼上泡棉膠墊高。

第**4**單元 線稿P.104

色彩辨識 猜猜看，誰帶著面

看看到底帶著面具的是誰。

仔細看看穿著的顏色，和衣服、帽子、襪子的樣式，

猜猜看誰帶著面具呢？

目 的

發展孩子們對色彩與形狀認知的感
受力和辨別力。

● 以腊筆在砂紙上
任意塗繪，別
有一番風
格。

前 提

孩子對不同顏色已有區分的能力，視
覺記憶的能力也有一定的程度。

材 料

賽璐璐片、色紙。

玩 法

1.父母或老師可以利用賽璐璐片貼上
色紙，其色紙的顏色和長短須先設計
在6組中，其中一組的人物造型相
同，可以做出共6組賽璐璐片，讓孩
子來回答。

2.可以先引導他們從帽子→衣袖的顏
色→襪子的顏色循序去分辨：當答錯
時，先跟他們說為什麼，再重新操作
一次。

3.當孩子們答對時，就可以進行下一
組人物造型，並開始讓他們自己回答
「衣袖的顏色，襪子的顏色」。

製作方法

1 人物造型以剪貼的方式完成，帶面具者的人物造型稍大。

2 面具利用彩繪砂紙的方法來繪製，直接以臘筆塗畫砂紙上即可。

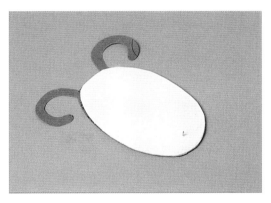

3 在面具背面黏上圖釘，直接釘在帶面具的身上。

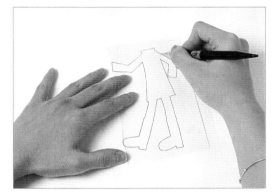

4 利用型版墊於賽璐璐片下，以刀片劃邊線，剪下。

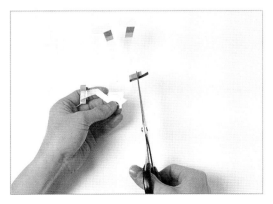

5 剪下後，再貼上色紙即可。

6 和面具一起釘在人形上即可。

第5單元

創意想像

此單元乃針對6～7歲，能夠自己講故事，寫字和想像的孩子。如第一章穿洞線，可以讓孩子去想像究竟背面的線是怎麼穿法，在想像的過程中也同時訓練他們的邏輯思考能力，讓他們去找一找，想一想，玩一玩。

如第二章裡，老師們可以讓孩子自由發揮，讓他們看圖說故事，發表自己的看法，沒有正確答案，您會發現孩子們的想像力是如此天馬行空。當孩子們回答不出來時，您可以提供一些線索讓孩子們再去思考發揮，增加表達能力，要耐心的聽孩子們講，並在過程中教他們一些準確描述事物的詞語和方法。

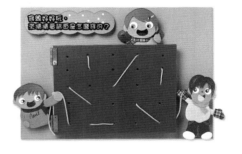

第 **5** 單元　線稿P.105

創意想像

穿線好好玩，來猜猜看背面是怎麼穿的？

穿線好好玩，
來猜猜看背面是怎麼穿

線從洞洞中穿來穿去，背面的線是怎樣連在一起的呢？

目 的

穿線的動作可以訓練孩子手部的靈
活度及腦部的發展，增進孩子們小
腦的進步，達到益智的作用。

前 提

孩子具有基本的表達能力。

材 料

粗繩。

玩 法

1.我們可以讓孩子去穿洞，
從背面至正面，讓他們隨意
地穿線。先嘗試一條線。

2.再請他們把板子翻回正面，讓他
們去想想穿洞的路線並用手去指出
來，爸媽或老師們記住他們指出的
路線，翻至背面看他們的回答是否
正確，若不正確，可以再讓他們指
指看。

3.其實穿線沒有正確答案，因為可
以想像出來的不僅只有一條路，老
師或家長只要聽聽看他們的邏輯推
理是否正確即可。

製作方法

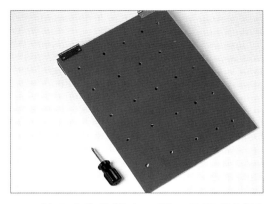

1 利用珍珠板摺出匸形，正面與側面交介處可利用活頁片來銜接固定，板面上可利用鑽子鑽出洞孔。

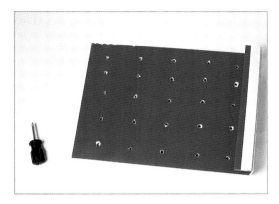

2 和底板銜接的面，可用雙面膠黏貼即可。

3 另一邊也利用珍珠板作一面牆。

4 穿洞板蓋上後即如同一個箱形盒子。

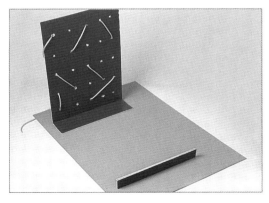

5 打開板子即可穿線。

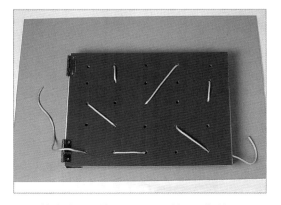

6 蓋上板子後，即可開始玩遊戲。

第**5**單元 線稿P106.P107.P108

意想像

誰有可能掉進洞洞裡，想想看吧！

唉！有個洞洞耶！要小心喔

目　的

這是屬於看圖說故事類型的遊戲，可以訓練孩子的思考力和想像力。

前　提

能理解簡單故事情節和表達能力。

玩　法

1.請小朋友自由發揮想像力，用輪流的方式，請他們說出「哪一個動物會掉進洞裡，為什麼呢？所以我們也不可以像他一樣哦！」三個題目：例如：（一）大象會掉進洞裡→因為他邊騎車邊看書，所以我們也不可以邊騎車邊看書。（二）小豬可能會掉進洞裡，因為牠眼睛閉起來還邊溜滑輪，所以我們不可以在溜滑輪時，眼睛閉起來，不然可能會跌倒。

2.老師和家長要多給孩子們表達的機會，同時耐心地聽他們講，在適時教導孩子們描述表達的方法，只要孩子們在回答時言之有理，都算對喔！

製作方法

1 動物造型皆利用紙雕滾圓邊的技法完成。

2 草地的部份利用腊筆繪出小草即可。

3 標題部份在背面貼上珍珠板，截切下來貼上即可。

第**5**單元  線稿P109.P110.

找找看，他們躲

找找看，他們躲在哪裡！

看看樹上那些奇怪的東西，到底是誰躲在那裡呢？

想一想，猜一猜！

目 的

增進孩子們的形狀理解能力，表達
能力與解決問題的能力。

前 提

選擇孩子們熟悉的事物圖片，並了
解其名稱，熟悉各部位名稱，如
頭、腳、尾巴…等。

材 料

不織布。

玩 法

1.收集小朋友們熟悉、喜歡的造
型，以不織布來剪黏，樹葉以大片
大片的〝叢〞來表現，並讓孩子們
熟悉動物的身體各部位。

2.等孩子們皆熟悉造型之後，將他
們放在樹上以樹葉蔽蓋，並露出較
有特色的身體部位，讓孩子們來猜
猜看那是什麼，是什麼動物。

製作方法

1 利用不織布剪黏出動物造型。

2 樹葉以〝叢〞來表現，背面貼上魔鬼氈。

3 可以先以熱熔膠將部份樹葉貼上。

4 其他樹葉部份，可利用魔鬼氈的特性疊黏上去即可。

5 在隱藏動物時，可翻開部份樹葉放進去，露出身體部份即可。

第6單元

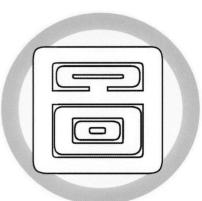

　　拼圖遊戲在於訓練孩子們的手眼協調，也訓練孩子們的組合能力、判斷力、觀察力、應變能力；一般孩子們的手眼協調性，還不完全發展好，老師及家長們在讓孩子們玩拼圖遊戲時，必須給予較多的時間讓他們去思考，當然我們得先由他們所熟悉的物件去拆解，進而再採用較複雜的風景畫；此單元針對較大的孩子來設計，建議4歲之後的孩子們來作這個遊戲，因為他們對於形狀的認知已有相當的概念與理解，對於言語和心情表達也有較多的能力，也有較多的耐心去判斷與嘗試。

第6單元 線稿P.111

拼圖遊戲

這是哪一個風景呢？

是清晨、是傍晚、還是白天？仔細的找找看吧！

這是哪一個風景呢？
是清晨、　（表藍色）
是傍晚、　（表黃色）
還是白天？（表無色）
仔細的找找看吧！

目 的

練習孩子們的手眼協調、觀察能力和組合的能力。

前 提

孩子已經熟悉遊戲中使用到的圖形。

材 料

彩色賽璐珞片

玩 法

1.老師或家長們可以去便利商店彩色影印風景畫約5～6張，可以稍徵縮小80%，不一定要原尺寸，再將彩copy的部份裁下，每一張大小要相同。

2.讓孩子們去熟悉風景畫，房子的形狀，樹與房子的分佈，再拿出一張張裁下的風景畫，讓孩子們去指出是哪個部位的風景畫。

延伸玩法

我們可以利用有色的賽璐珞片，黃色襯上風景後，有黃昏的感覺；藍色襯上風景後，有清晨的感覺。難度會因此加深，也可能測出孩子們的實力。

製作方法

1 畫一張色調相同、房子造型錯縱的風景畫，或從月曆上取一張風景畫，剪出一個大略的外型。

2 再拿風景畫去彩色影印至A4紙張，並縮小80%，約5～6張。

3 在底板上作出一個方框，約10cm×8cm。

4 將每一張彩色影印的風景畫取不同的部位，裁下10cm×8cm大小的尺寸，並置入方框內。

5 人物造型以紙雕技法完成。

6 延伸玩法是取藍、黃色的賽璐璐片來加深難度，同樣裁成10cm×8cm大小。

7 直接襯於方框內。

8 內部的風景畫也可以更換。

9 其內部風景圖加上賽璐璐片的表現可參考88頁。

第6單元　線稿P111

拼圖遊戲

多了哪一張呢？

把上面這張圖割成一塊塊的，放在右邊，

可是好像多了一塊了，是哪一塊呢？

多了哪一塊

目 的

藉由拼圖遊戲訓練孩子們的視
覺記憶能力，和手眼的協調。

前 提

選擇的圖片宜由簡入深，色彩
鮮艷，可愛有趣的畫面，便能
很快吸引孩子們的目光。

材 料

風景圖畫。

玩 法

1.在電腦上繪製張簡單的圖並列下來2張，切
割成零星塊狀，並裱貼上珍珠板使拿取方便，
讓孩子們先熟悉完整的圖畫後，再讓他們看圖
畫拚圖。

2.我們必須給予孩子們較多的時間和耐心，讓
他們拚完整張圖畫時，便找到多出的那一塊
了。

延伸玩法

或者我們不讓孩子們動手，只用視覺追蹤出哪
一塊和哪一塊相同。

製作方法

1 從電腦列印下2張風景畫。

2 將風景畫裱貼上珍珠板，以刀片切割出塊狀。

3 底板先貼上一層淡藍色不織布，塊狀拼圖的背面也貼上魔鬼氈。

4 人物部份以紙雕技法來完成。

第一單元.數學邏輯
影印放大120%

線稿附錄

花

蝴蝶結

嘴

手

手

×2

P13男孩

P13女孩

手

手

嘴

×2

嘴

P12
女孩

手

手

嘴

耳

耳

P12男孩

影印放大120％

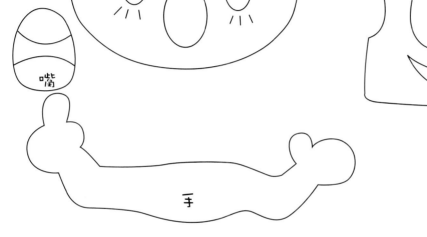

P17男孩

嘴

手

P16男孩

第一單元.數學邏輯
影印放大150%

線稿附錄

花瓶

杯子

圓盤

髮×2
(左右翻轉)

×2

耳

嘴

領子

鈕扣

手

手

袖

袖

P16女孩

P20男孩

蛇頭

蛇身×N

嘴

耳

手

手

P17男孩

耳

手

嘴

手

影印放大120%

蝴蝶結

P25女孩

嘴

嘴

手

手

P24女孩

襪　襪

鞋　鞋

襪　襪

鞋　鞋

第二單元.迷宮遊戲
影印放大125%

P30女孩

P30女孩

P30女孩

蝴蝶結

嘴

手

手

影印放大130%

P34男孩

嘴

P35男孩

蝴蝶結

耳

耳

左手

右手

衣

嘴

右手

嘴

左手

×3

鞋

鞋

鞋

鞋

P48女孩

99

第二單元.迷宮遊戲

影印放大135％

錦稿瑣錄

P38女孩

P39女孩

P44 又又車

56

第三單元．形狀認知
影印放大130％

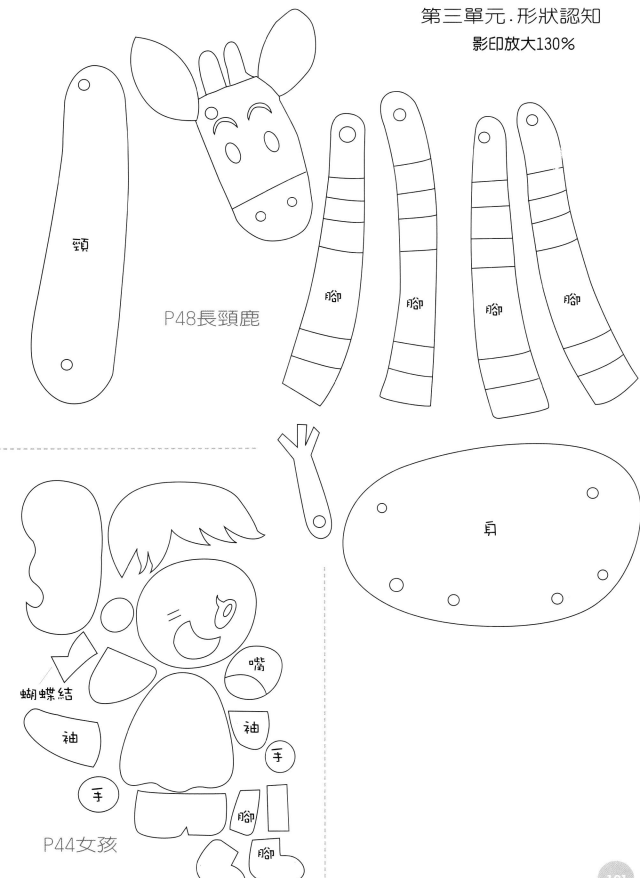

頸

P48長頸鹿

腳 腳 腳 腳

身

蝴蝶結

嘴

袖

袖

手

手

腳

腳

P44女孩

第四單元.色彩辨識

影印放大110%

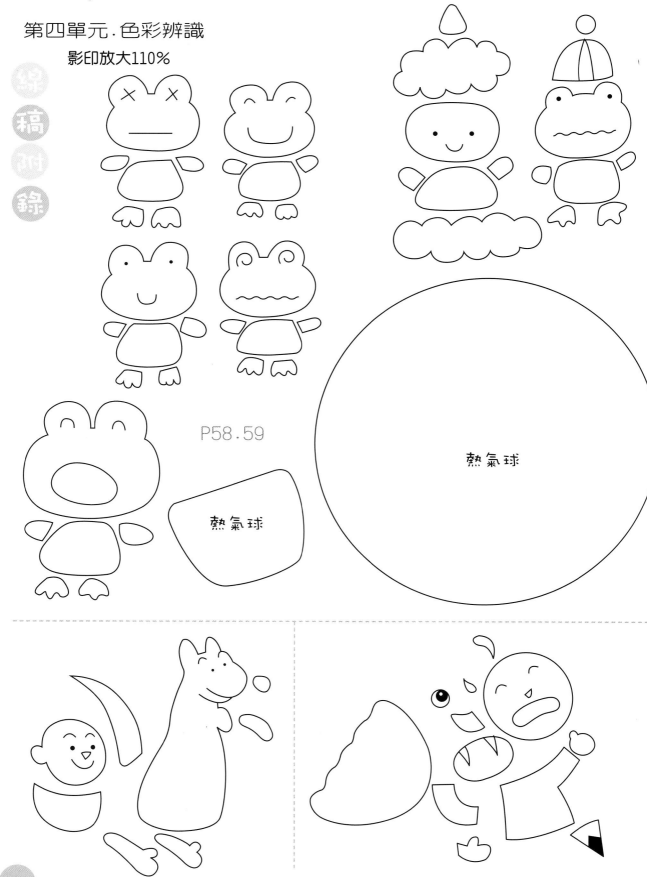

P58.59

熱氣球

熱氣球

影印放大110%

P62.63

耳
手
手

髮

帽子
帽子
髮

103

第四單元．色彩辨識

影印放大125%

P66.67女孩．面具

小

大

第五單元.創意想像
影印放大130%

左腳

圍巾

圍巾

左手

右腳

上衣

右手

P73男孩

女孩

左右翻轉
×2

嘴

上衣

圍巾

P73女孩

第五單元·創意想像
影印放大130%

P72男孩

綠稿附錄

耳

嘴

耳

圍巾

圍巾

P76大象

P76小熊

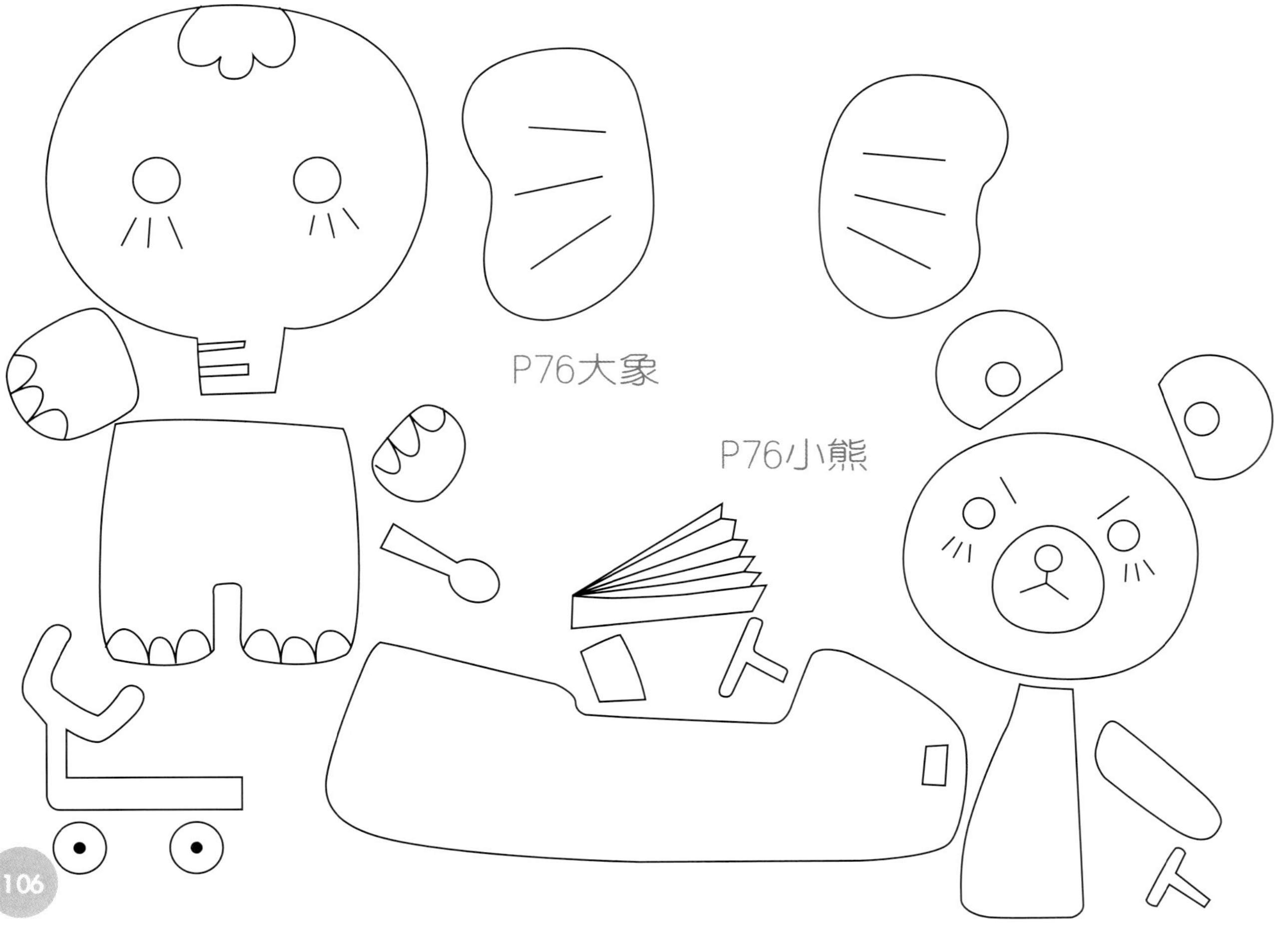

P77小豬

耳　耳

P77小貓

P76小兔

第五單元 . 創意想像

影印放大120%

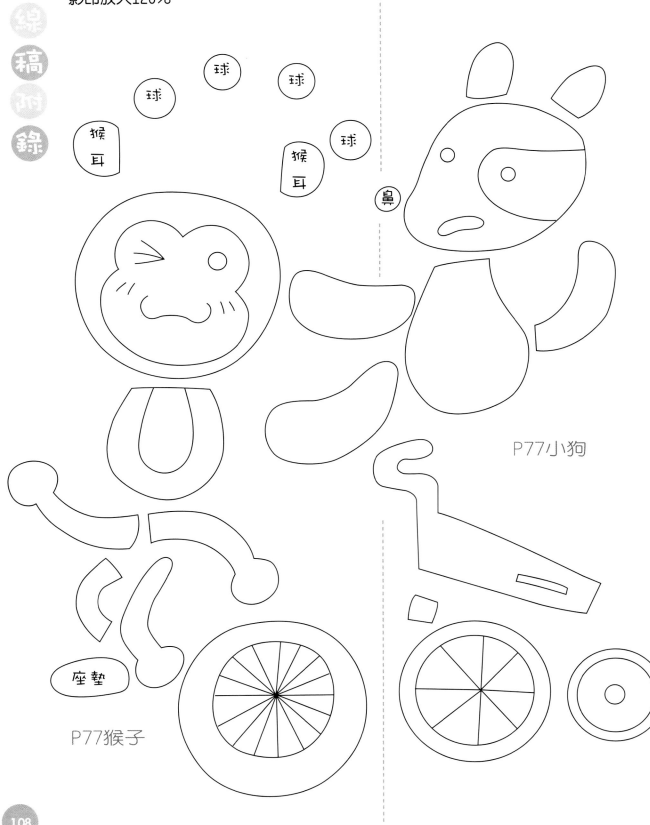

綠稿附錄

球

球

球

猴耳

猴耳

球

鼻

P77小狗

座墊

P77猴子

影印放大120%

P80蝴蝶

蝴
蝶

P80大象

耳

P80猴子

P80麋鹿

第五單元．創意想像

影印放大100%

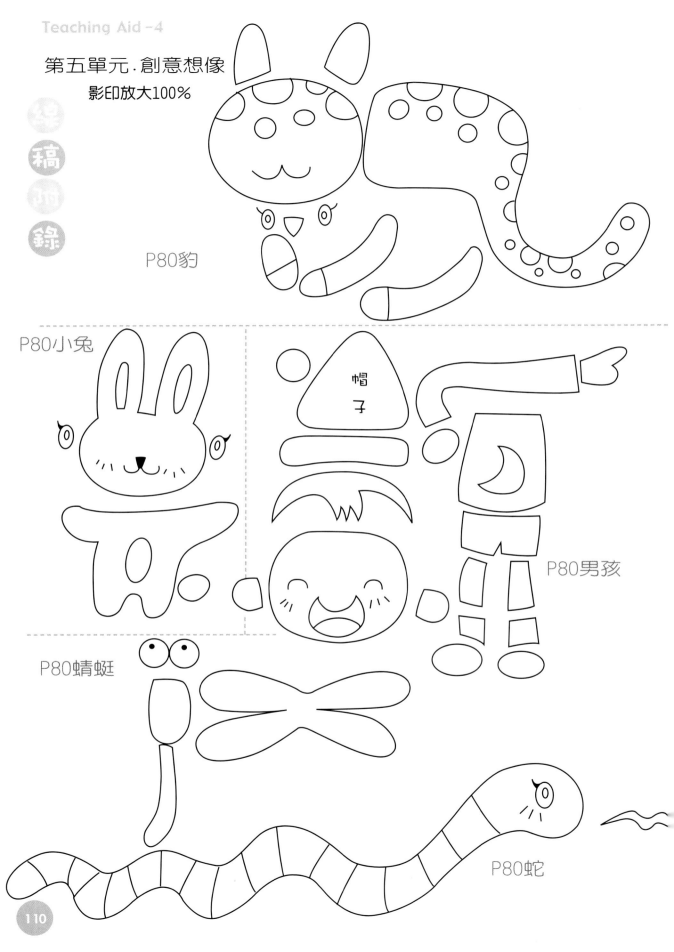

P80豹

P80小兔

帽子

P80男孩

P80蜻蜓

P80蛇

110

第六單元．拼圖遊戲

影印放大140％

P86女孩

P90女孩

相機

幼教教具設計系列 ④
Teaching Aid

益智遊戲の教具

出 版 者：新形象出版事業有限公司

負 責 人：陳偉賢

地　　址：台北縣中和市中和路322號8F之1

電　　話：29207133 · 29278446

F A X：29290713

編 著 者：新形象

總 策 劃：陳偉賢

執行設計：黃筱晴

電腦美編：洪麒偉、黃筱晴

封面設計：黃筱晴、洪麒偉

總 代 理：北星圖書事業股份有限公司

地　　址：台北縣永和市中正路462號5F

門　　市：北星圖書事業股份有限公司

地　　址：永和市中正路498號

電　　話：2922-9000

F A X：2922-9041

網　　址：www.nsbooks.com.tw

郵　　撥：0544500-7北星圖書帳戶

印 刷 所：利林印刷股份有限公司

製 版 所：台欣印刷股份有限公司

國家圖書館出版品預行編目資料

益智遊戲の教具：學齡之前幼兒 益智啓發勞
作 /新形象編著.--第一版.-- 台北縣中
和市：新形象，2004[民93]
　面；　 公分.--（幼教教具設計系列；4）

ISBN 957-2035-60-6(平裝)

1. 學前教育-教學法　2. 教具-設計

523.23　　　　　　　　　93007471

行政院新聞局出版事業登記證／局版台業字第3928號

經濟部公司執照／76建三辛字第214743號

■本書如有裝訂錯誤破損缺頁請寄回退換

西元2004年6月　第一版第一刷